GERD's BLOOD, GERD's SOUL, GERD's BOOK

GERD's BLOOD GERD's BEST MUSIC

Bester Song - We're All Alone (Rita Coolidge)

Bestes Album - The Dark Side Of The Moon (Pink Floyd)

Bester OriginalVideoclip- Anybody Seen My Baby (Rolling Stones)

Seelenverwandter (M) - Neil Young (zB Harvest 1972)

Seelenverwandte (F) - Kate Bush (zB Hounds Of Love 1985)

Legend All Time - The Beatles (zB Abbey Road 1969)

Lieblingsband All Time - Genesis (zB Seconds Out 1977)

Lieblingssänger All Time - David Bowie (zB Heroes 1977)

Lieblingssängerin All Time - Kate Bush (zB The Kick Inside 1978)

Bester Musikfilm - Car Wash

Bester Konzertfilm - The Song Remains The Same (Led Zeppelin)

Bestes Comeback - Deep Purple 1984

Plus The Police, Dire Straits, Sade, Yes, If You Leave Me Now (Chicago), Grandmaster Flash & The Furious Five, Tou Va Changer (Michel Fugain & Le Big Bazaar), Marillion, Jethro Tull, BAP, Tribute-Konzert in Rockenhausen, Forever And For Always (Shania Twain), Peter Gabriel, Prince, Nina Hagen Band, Udo Lindenberg, Alexandra, Rammstein, nochmal Genesis (and then there were three 1978), nochmal Pink Floyd (The Wall 1979), nochmal The Beatles ("Weiße Album" 1968), Depeche Mode, Massive Attack (Teardrop feat Elizabeth Frasier!!), Metallica, AC/DC, Annie Lennox, Nena, Janis Joplin, Jimi Hendrix, Bruce Springsteen, Earth Wind and Fire, Donna Summer, Bob Marley (Redemption Song), Abba, Fleetwood Mac, U 2 (The Joshua Tree 1987), Stevie Wonder and many more!!

ZU ASCHE ZU STAUB (ganz andere Version...)

You Tube-Video gesehen, Deutschland Deutschland-Hymne

Lob aus Indonesien, Japan, Frankreich etc

Über das Heilige Deutschland (Kommentar-Zitat)

Beim Video war Deutsche Leitkultur:

Bier saufen, Fußball, Dritte Reich!

Zu Asche zu Staub

Jetzt, 2024, steht Deutschland vor dem Vierten Reich

Gestern beim ZDF-Lanz war ein Die Zeit-Journalist

Und er hatte düstere Aussichten:

Ost-Landtagswahlen mit Führer Höcke

Mit AfD als Nr 1 in Sachsen - und bald bei der BTW...

Zu Asche zu Staub

Führer Trump kann really US-Präsi wieder werden

Er schxxxx auf Europa, Ukraine, NATO

American First...

EU überlegt über eigene Atombomben

Paralell nationalistisches Europa

Zu Asche zu Staub

2040: nach dem 3. Weltkrieg ist die Erde zerstört

Die Natur verstrahlt nach 19 Atombomben

Überlebenskampf aus Instinkt der Menschen

Die Gutmenschen bewachen das letzte Blümlein

Die Schlechtmenschen wollen weiter morden

Zu Asche zu Staub

C P Gerd Steinkoenig Gerd's Katze Molly hat ihre eigene Seite

21. Februar 2024

4 Fotos zum Bezug vom gestrigen 17.02.2024 - der 7. Todestag von Vater (siehe gestrige 1. Todestag von Vater 2018 / fb-Erinnerung): wieder Bildzeitung, diesmal TV (ab 20:15h nur ZDF gesehen - Vater und ich hatten oft in den frühen 70ern Sportstudio), diesmal einen Doppel-CD-Sampler über die 50erJahre-Schlager (ein Paradies von Vater - für mich Genre-History: in meinen CD-Samplern ist Rock, British Rock, NDW, Swing, Techno, Jazz, Blues, Pop, Dance, Country, Africa, Indigenen-Music... - und eben Vaters 50er Jahre- Schlager...).

Gerd Steinkoenig hat eine Erinnerung geteilt.

Mit Deine Freunde geteilt

MUTTER hab ich ihr 2017 geholfen, zB Telefon-Ferndiagnose mit ihrem PC - Mutter hatte erstmals mit PC "gespielt" (denn Vater war der Boss...). Und diverse Besuche in Schwedelbach mit meinem Elternhaus. Ca 8 Monate später hatte ich meinen Schlaganfall und hatte später - dank meinen damaligen Leibarzt, meine legendäre damalige Logo, Mrs P, Ergo, GymBesuche (natürlich nach meinen 9 WochenKliniken) - positiven Energien, Entwicklungen, Kreativitäten etc etc (heute Ergo, 2 Betreuer:innen, "Institut"). Mutter war 2017 fit und konnte neu justieren mit PC, Eigenleben, allein sein etc. Aber step by step ging quasi "runterladen in MutterHirn" und dann eben der erste Schlaganfall. Mittlerweile hatte sie 4 Schlaganfälle und wohnt seit Dezember 2022 in Fuerteventura (Stichworte: Elternhaus verkauft, viele Jahrzehnte Urlaub in Fuerte - daher). Während des Schreibens in diesem Aufsatz hatte ich wieder Telefon von Mutter, ich: ich brauch Ruhe, nicht jeden Tag, Mutter: beleidigt, ich mach nix mehr, tschüss, ich: doch wieder angerufen (über AB, später hatte sie wieder angerufen) und wurde "Seniorenbetreuer" und hatte deeskaliert. Es war wieder alles gut. Aber was ist morgen, übermorgen... Jeden Tag in 5 Jahre?? Ich brauch nicht meinen 2. Schlaganfall, das ist absolut klar. Daher brauche ich Abstand! Das meinte auch meine 2 Betreuer:innen, die 2 "Institut"-Ladys, auch facebook-Freundinnen. Das Problem ist: seit Monaten ist sie zu 90 % blind und wartet auf eine Augen-OP (das wäre tatsächlich positiv, und wartet auf einen Termin). Denn sie kann kaum was machen. Für ihre Synapsen durch die Schlaganfälle bräuchte sie Spiele, Rätsel, Bücher lesen, Zeitung lesen, also positive Kurzweil. Jetzt hängt sie rum, denn Mutter kann ja nicht so rumlaufen - am Rollador. Mein Problem: ich brauch meine positive Ruhe, Abstand und so, aber Mutter ist schließlich meine Mutter (auch wenn sie nervt - seit 64 Jahre Gerd...). Denn ich weiß ja Bescheid, hatte ja selbst Schlaganfall... Wie Drago (siehe unten) schrieb: Lebbe geht weiter! Einfach positiv denken Gottes Glaube, Demut und trotzdem das ich es hinkriege: nur MO und FR Telefon! (18.02.2024)

Vor 7 Jahren

Deine Erinnerungen anzeigen

Gerd Steinkoenig

18. Februar 2017 ·

Mit Öffentlich geteilt

Vielen Dank für die sensationelle Resonanz an Beileidsbekundungen zum Tod meines Vaters ❤ , ich bin überwältigt, Jetzt hab ich eine neue Aufgabe in meinem Leben: Mutter in ihrem Leben helfen... "Lebbe geht weiter", sagte schon Dragoslav Stephanovic, oder wie ich es ausdrücke: "Viva La Vida"! Machs gut, lieber Vater, in der neuen Lebensdimension!

the original Deep Purple collection
SHADES OF DEEP PURPLE
SHADES OF DEEP PURPLE
Hush! Hush!
FRANK ZAPPA
ZAPPA '88: THE LAST U.S. SHOW
Led Zeppelin
Remasters
7567-80415-2
EAGLES
HOTEL CALIFORNIA
PRODUCED BY BILL SZYMCZYK
PANDORA PRODUCTIONS LTD
1. Mr. Blue Sky
2. Evil Woman
3. 'Don't Bring Me Down
4. Sweet Talkin' Woman
5. Shine A Little Love
6. Turn To Stone
7. The Diary Of Horace Wimp
8. Confusion
9. Hold On Tight
10. Livin' Thing
11. Telephone Line
12. All Over The World
13. Wild West Hero
14. Sweet Is The Night
15. Ma-Ma-Ma Belle
16. Xanadu
17. Rockaria!
18. Strange Magic
19. Alright
20. Rock 'N' Roll Is King
All Songs Written and Produced by Jeff Lynne
THE ULTIMATE
BEE GEES
DISC ONE
Love To Love You Baby
Could It Be Magic
Try Me, I Know We Can Make It
Spring Affair
Love's Unkind
I Feel Love
I Love You
Last Dance
MacArthur Park
Heaven Knows
Hot Stuff
Bad Girls
Dim All The Lights
Sunset People
No More Tears (Enough Is Enough)
Duet With Barbra Streisand
On The Radio
DISC TWO
The Wanderer
Love Is In Control (Finger On The Trigger)
State Of Independence
She Works Hard For The Money
Unconditional Love
There Goes My Baby
Supernatural Love
Dinner With Gershwin
All Systems Go
This Time I Know It's For Real
I Don't Wanna Get Hurt
Love's About To Change My Heart
When Love Cries
Carry On
Melody Of Love (Wanna Be Loved)
I Will Go With You (Can To Me)
Dream-A-Lot's Theme (I Will)
You're So Beautiful
2 CD
QUICKSILVER
MESSENGER SERVICE
AT THE KABUKI THEATRE
THE NEW YEARS EVE COSTUME BALL
31 DECEMBER 1970
TELEFUNKEN
GREATEST HITS
DIE BESTE
THE LES HUMPHRIES SINGERS

Gerd Steinkoenig

14. Februar um 22:49

.

1970er JAHRE MUSIK!! The Lamb Lies Down On Broadway (Genesis 1974, Doppel-Album)!
Ein absolutes Progrock-Meisterwerk! In den 70ern war KL Genesis-Stadt! Als Beispiel:
Spätabends war ich zu stoned. Der Gastgeber meinte: komm leg dich hin und chill zum

Lamb-Album (eine MusiCasette-Seite). Ich hab es 2 x gehört, genossen, gechillt, woooow! Das war eine Reise ins eigene Gehirn! Genießen mit Zeit und Musik! In den 70ern war oft Progrock (Genesis, Pink Floyd, Yes, Emerson Lake & Palmer, Supertramp, Manfred Manns Earthband etc), Hardrock (Deep Purple, Rainbow, Led Zeppelin, Boston, Scorpions etc), Disco (Donna Summer, Bee Gees, Chic, Sister Sledge, Sylvester etc), Punk/New Wave (Sex Pistols, Clash, The Police, Blondie etc), Reggae (Bob Marley, Peter Tosh etc), ChartPop (Sweet, Abba, Smokie, Suzi Quatro, Boney M etc), David Bowie (Glamrock, Hardrock Elektro..., ER machte alles), Queen (Progrock bis Chartpop), Supermax (Disco bis Worldmusic), Gitarrengötter wie Mark Knopfler (Dire Straits), Jimmy Page (Led Zeppelin), Ritchie Blackmore (Deep Purple), Steve Hackett (Genesis), David Gilmour (Pink Floyd), Brian May (Queen) etcetc. Und viel mehr: Countryrock (Eagles, Linda Ronstadt etc), Songwriter (Neil Young, Bruce Springsteen, Bob Seger etc), Krautrock (Can, Kraftwerk, Eloy, Tangerine Dream etc), Deutschrock u.ä. wie Udo Lindenberg oder Ton Steine Scherben oder die Nina Hagen Band... Und und! Ich hab 1000 Namen vergessen! Die heutigen Leute haben keine (kaum) Ahnung von Songs wie Supper's Ready (Genesis), Echoes (Pink Floyd), Comes A Time (Neil Young), I Want Your Love (Chic), When A Blind Man Cries (Deep Purple), Kashmir (Led Zeppelin), Desperado (Eagles), Roxanne (The Police), Spoon (Can), No Woman No Cry (Bob Marley), Cowboy Rocker (Udo Lindenberg), You Should Be Dancing (Bee Gees), Wonderous Stories (Yes), und weitere 10000 Topsongs aus den legendary 1970ern... Heute (und seit vielen Jahren) ist nur noch Wegwerfware Musik, nur noch Techno oder Hip Hop oder RMB oder Taylor Swift (Chartpop ist immer...). Heute ist keine Zeit zur Musik... Aber ich hab Hoffnung: auch die Jungen kennen einige alte Songs, vielleicht realer Rock durch die Werbehefte Eclipsed oder Rolling Stone oder Musikexpress - aber mit Rock meinen die Meisten nur Metal Hammer... C P Gerd Steinkoenig Gerd's Katze Molly hat ihre eigene Seite 14. Februar 2024

PS: Wie gesagt nur 70er: The Police, Genesis oder Nina Hagen waren in den 1980ern anders... Apropo: die 80er auch... Mmmh!!

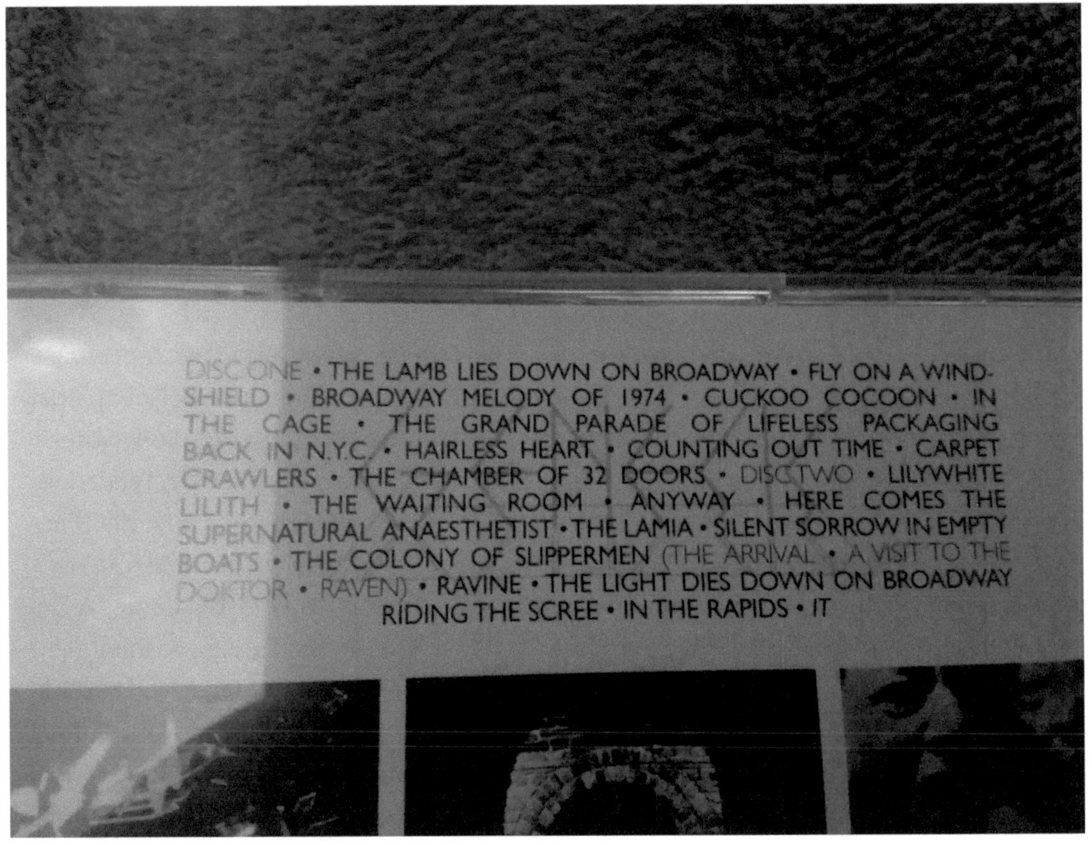

DIES IST MEIN LETZTER POLITIK-KOMMENTAR!! Mein 59. Buch ist mein letztes Buch (Blood On The Rooftops Teil 4 - demnächst)! Natürlich war/ist viel dabei über Musik/Lebensphiosophie/meine Behinderung/Fotoshooting/Erinnerungen und eben auch ab und zu Politik/History! WARUM? Wir sind im Jahr 1930 oder 1931 (oder doch schon 1933). Bin gespannt, wenn bei der BTW 2025 (oder doch schon 2024?) aufeinmal 25 % AfD sind! Übrigens: Hitler wurde demokratisch gewählt! Ist ja "nur" 25 %: aber da ist noch Wendehals Söder (CSU), Bündnis Sarah Wagenknecht, Die Linke, FDP - also, Alice Weidel könnte Bundeskanzlerin werden! Außerdem ist ja auch noch Putin-Freund Donald Trump (USA), die Nationalisten in Italien / Ungarn / Polen / Niederlande / Frankreich etc, VR China, Nordkorea, Naher Osten... Das heißt: der 3. Weltkrieg kommt! Absolut logisch! Also, ich schreib nichts, ich hab schließlich mein Überlebensinstinkt! In der Geschichte ist es parallel von 1930/1931 (1933) zu 2024/2025... Wenn ich von facebook denke, wie meine fb-Freunde 2012 oder 2015 drauf waren: mehr Offenheit, mehr Meinungen! Seit 2017 ist kaum was (bei den Normalen ohne Propaganda-Politik). Mittlerweile verstehe ich die Leute von 1933 oder 1938 oder 1944, als es hieß "wir wussten nichts", Sie hatten überlebt aus Überlebensinstinkt - denn die Gegen Rechts-Demonstranten sind beobachtet von der AfD und wenn sie 2025 (2024) an die Macht sind... Die KZs kommen auch wieder...

C P Gerd Steinkoenig Gerd's Katze Molly hat ihre eigene Seite 14. Februar 2024
(Valentinstag)

Alle Fotos: Gerd Steinkoenig

Mein 60. Buch mit Blut, Seele, Körper, Geist, positive Energien, positive Gesundheit!

C P 22. Februar 2024 written by Gerd Steinkoenig

ZWEITER TEIL MUSIK, ZEITGESCHEHEN, BEST SHOTS FROM MY BOOKS

24. FEBRUAR 2024

LEBENSZETTEL

Ich hab's ja gesagt - das neue Buch und ich sind allein

Am Wochenende (gestern mein "PDF-Stick" vergessen)

Also doch ein 2. Teil mit Best of aus 17 Büchern

17 ISBN-Bücher aus 60 ISBN-Büchern!!

(Stand 24.02.2024 11:50h: das 59. Book wartet immer noch

Das 60. Book wird erst am Dienstag zum Verlag gebeamt...)

Natürlich nur ein bisschen aus den Best of

Außerdem: es kommt immer drauf an

Ich hab mich ertappt, ach, das hatte ich ja geschrieben

Ganz einfach vergessen - bei 60 Books (plus no isbnBooks...)

Und immer wieder meine Lieblingsthemen wie Musik

Von Genesis bis Pink Floyd bis diverse Story of Rock

Und über meinen Schlaganfall 2017

Und über die Zeit an sich (Zeitoasen, Zeitgeister...)

Und über Politik, History, Erinnerungen

Und natürlich meine Fotos

Und eben auch Wiederholungen

Und mein Running Gag "mein letztes Buch"...

Daher sind ALLE 60 Bücher EIN Buch!

60 ISBN-Bücher plus no isbn Books ist EIN LifeBook

Von Gerd Steinkoenig

C P 24. Februar 2024 Gerd Steinkoenig

Gerd's Katze Molly hat ihre eigene Seite

Als Diagnose zu meinen Büchern, grins...

Leider kein Gag...

Nicht nur Musikzeitschriften gesammelt, sondern Der Spiegel, Stern, PM, Kicker etc etc...

ZUKUNFT (2 Szenarien)

Aus kleinen Kaffs werden große Dörfer

Aus kleinen Städten werden Großstädte

Immer weniger Natur, Wiesen, Wälder

Immer weniger nächtliche Idylle

Sondern Lichtverschmutzung

Die Menschen sagen: Fortschritt

Die Wirtschaft sagt: Fortschritt

Also haben wir in 1000 Jahren

Nur noch Megapolis?!

Keine Natur?!

Für die "Natur" hat man Holodecks?!

KI mit Eigendynamik

KI kann am Besten eine Atombombe bauen

Durch Propaganda, Internet, Verschwörer

Wird verfälscht, gelogen, vergessen

Durch falsche Fotos, die "echt" sind

Durch Wxxx werden die Bücher verfälscht

Denn aktuell wurde Jim Knopf verfälscht

Momentan kann ich alte Books informieren

Auch bei Wikipedia-Infos

Irgendwann sind neue Bücher

Mit neuen politischen Ausrichtungen

Und eben die verfälschen "echten" KI-Fotos

Dann wird Michael Jackson gelöscht

Dann wird Rammstein gelöscht

Dann kommt ein Foto von 1945

In Berlin mit Hitler, Stalin, Mussolini:

Friedensgipfel 1945 im Jahr 2029...

C P 24. Februar 2024 Gerd Steinkoenig

Gerd's Katze Molly hat ihre eigene Seite

Meine Musik (CD/DVD) - Sammlung (Auswahl)

Die Flöte hatte ich als Kind gespielt. aber mit dem Konzert... - no comment...

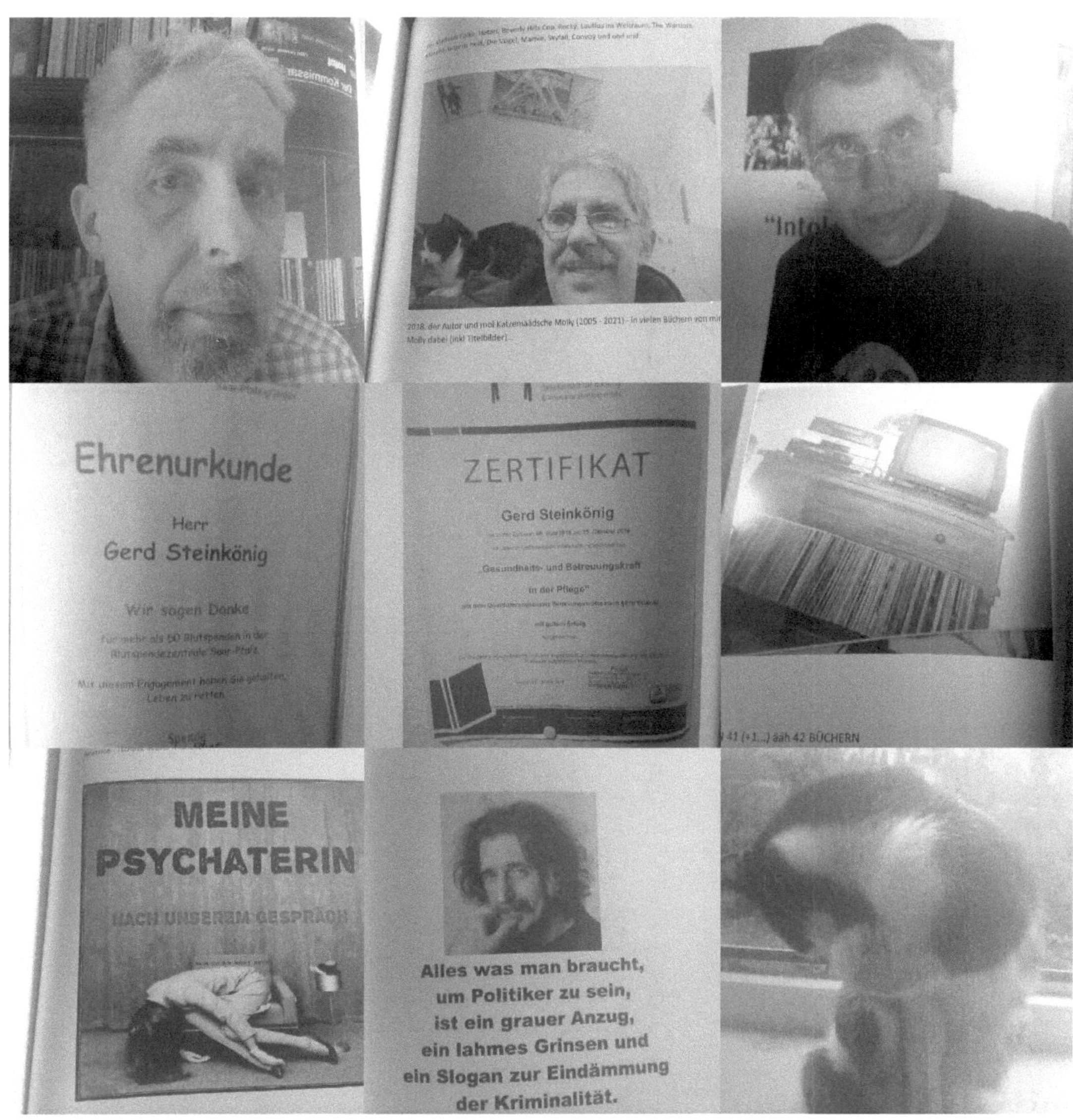
Ehrenurkunde
Herr
Gerd Steinkönig
Wir sagen Danke
ZERTIFIKAT
Gerd Steinkönig
MEINE
PSYCHATERIN
NACH UNSEREM GESPRÄCH
Alles was man braucht,
um Politiker zu sein,
ist ein grauer Anzug,
ein lahmes Grinsen und
ein Slogan zur Eindämmung
der Kriminalität.

Kapitel...), Karl May in den Ferien in der Kindheit (Running Gag krank...). Oder jeder hat es "verlegt", d.h. die Leute haben es einfach ausgeliehen und nix mehr... DAS KEINE IDEE!! Indianer/Universum-Buch weg... Der Schuh des Manitu-DVD weg... Vanilla Fox-CD weg... ist zum Kotzen! NIE MEHR AUSLEIHE!

In der Kindheit war Vater als "Literaturpapst" gut! Die letzten Jahrzehnte war leider nix mehr: Jerry Cotton, das ging noch, hahaha... Aber damals hatte ich John Steinbeck, Ernest Hemingway oder Pearl S. Buck gelesen - durch Vater. Pearl S. Buck mit "Die gute Erde" ist mein Lieblinsbuch ever! Im Alter mittlerweile hab ich ein paar Sachen und die Leute wissen aha, das ist die Gerd-DNA: The Dark Side Of The Moon (Pink Floyd) als CD/LP Nr 1, Miami Vice als Serie all time, Das Schweigen der Lämmer (Jodie Foster) als Film Nr 1... und "Die gute Erde"...

C P 20. Mai 2019 Gerd Steinkoenig Gerd F Steinkoenig Gerd Gerd

Demnächst... War facebook... Kreativschreib = "nur noch" facebook

Hallo, ich bin Gerd Steinkoenig, und schreibe mein 35. ISBN-Buch!
Credo des Autors: diese 35 Bücher sind EIN Buch!!

Im 4. Hardcover-Buch geht es um die New World Order, Prosaen wie "Die Reise", Fotos mit vielen CDs vom Autor, Zeiten mit Verschiebungen oder Geistern, und Molly ist auch wieder da!

Der Autor hatte seit 2017 Bücher wie Blood On The Rooftops, Liebe ist alles, Danach, Fühlen, Die Story on populärer Musik, Mein bestes und schönstes Buch für Euch (2 Versionen) etc...

2. Mai 2022

Impressum

Bibliografische Information der Deutschen Nationalbibliothek: Die Deutsche Nationalbibliothek verzeichnet diese Publikation in der Deutschen Nationalbibliografie; detaillierte bibliografische Daten sind im Internet über dnb.dnb.de abrufbar.

© 2021 Gerd.Fritz Steinkänig
Herstellung und Verlag: BoD – Books on Demand, Norderstedt
ISBN: 978-3-7526-5870-5

...durch meinen Schlaganfall 2017 (Ausschnitt)

...tgeister...
...aus den 50ern in Gut und Böse
..., Zeitgesellschaft mit Easy Rider
...Einer flog über das Kuckucksnest
...l hatte ich 2016 das Kuckucksnest
...pontan gedacht im Demenz-Stockwerk
Mit Vater TV gesehen als Erziehung
Wenn Vater und Sohn da waren
Westlich von Santa Fe, Lieber Onkel Bill
Daktari, Flipper, Am Fuß der blauen Berge
...Familie Feuerstein...
...utter, ich mit ...Francisco

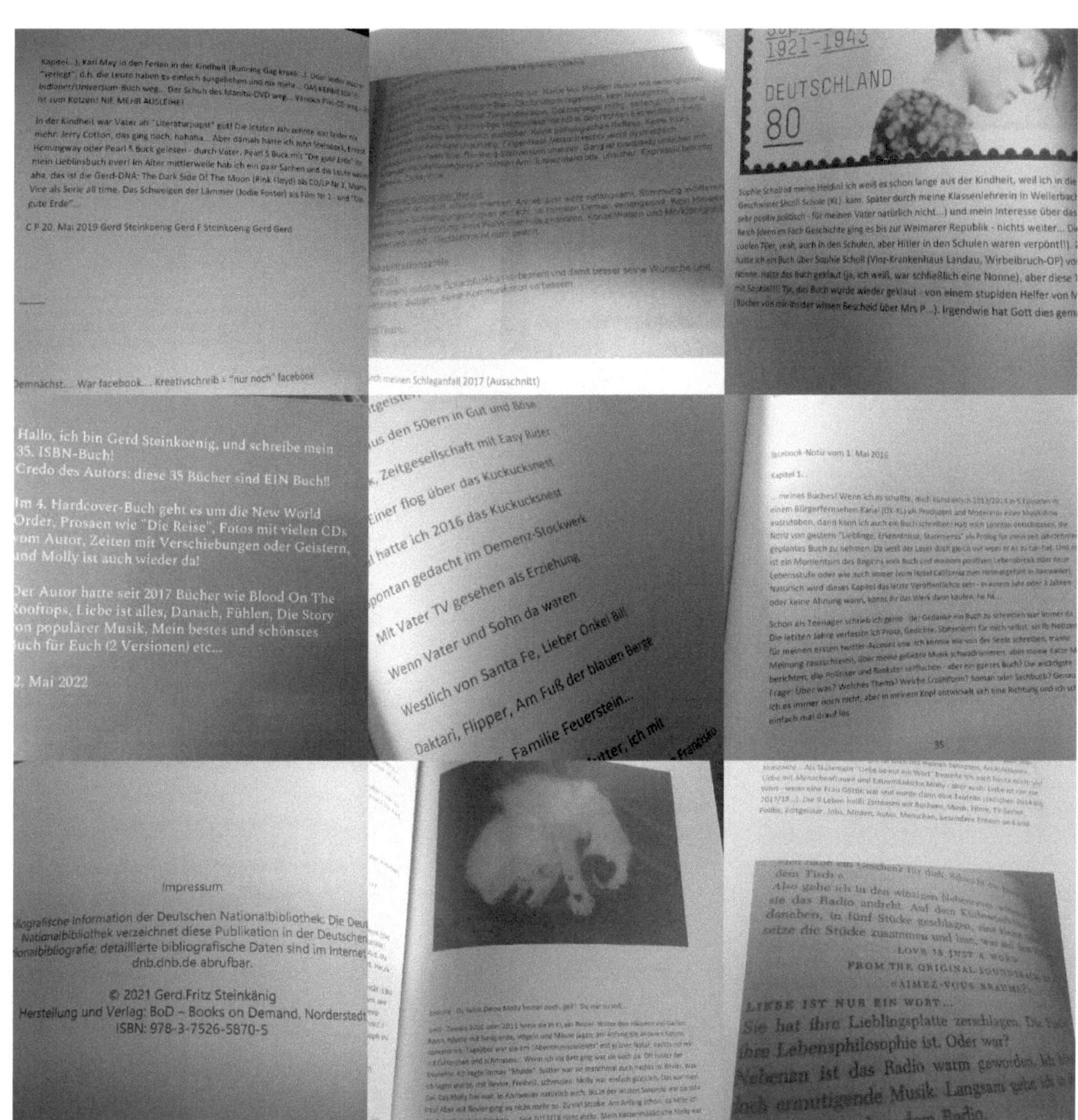

Sophie Scholl ist meine Heldin! ich weiß es schon lange aus der Kindheit, weil ich in die Geschwister Scholl-Schule (KL) kam. Später durch meine Klassenlehrerin in Weilerbach sehr positiv politisch - für meinen Vater natürlich nicht...) und mein Interesse über das Reich (denn im Fach Geschichte ging es bis zur Weimarer Republik - nichts weiter... Die coolen 70er, yeah, auch in den Schulen, aber Hitler in den Schulen waren verpönt!!). Ich hatte ein Buch über Sophie Scholl (Vinz-Krankenhaus Landau, Wirbelbruch-OP) von einer Nonne. Hatte das Buch geklaut (ja, ich weiß, war schließlich eine Nonne), aber diese ...mit Sophie!!! Tja, das Buch wurde wieder geklaut - von einem stupiden Helfer von M... (Bücher von mir Insider wissen Bescheid über Mrs P...). Irgendwie hat Gott dies gem...

facebook-Notiz vom 1. Mai 2016

Kapitel 1...

... meines Buches! Wenn ich es schaffte, mich künstlerisch 2013/2014 in 5 Episoden in einem Bürgerfernsehen-Kanal (OK-KL) als Produzent und Moderator einer Musikshow auszutoben, dann kann ich auch ein Buch schreiben! Hab mich spontan entschlossen, die Notiz von gestern "Lieblinge, Erkenntnisse, Statements" als Prolog für mein seit jahrzehnten geplantes Buch zu nehmen. Da weiß der Leser doch gleich mit wem er es zu tun hat. Und es ist ein Momentum des Beginns vom Buch und meinem positiven Lebensbreak oder neue Lebensstufe oder wie auch immer (vom Hotel California zum Heimatgefühl in Annweiler). Natürlich wird dieses Kapitel das letzte Veröffentlichte sein - in einem Jahr oder 3 Jahren oder keine Ahnung wann, könnt ihr das Werk dann kaufen, he ha...

Schon als Teenager schrieb ich gerne - der Gedanke ein Buch zu schreiben war immer da. Die letzten Jahre verfasste ich Prosa, Gedichte, Statements für mich selbst, als fb-Notizen für meinen ersten twitter-Account usw. Ich konnte nur von der Seele schreiben, meine Meinung rausschreien, über meine geliebte Musik schwadronieren, über meine Katze M... berichten, die Politiker und Bankster verfluchen - aber ein ganzes Buch? Die wichtigste Frage: Über was? Welches Thema? Welche Erzählform? Roman oder Sachbuch? Genau, ich es immer noch nicht, aber in meinem Kopf entwickelt sich eine Richtung und ich schreib einfach mal drauf los...

35

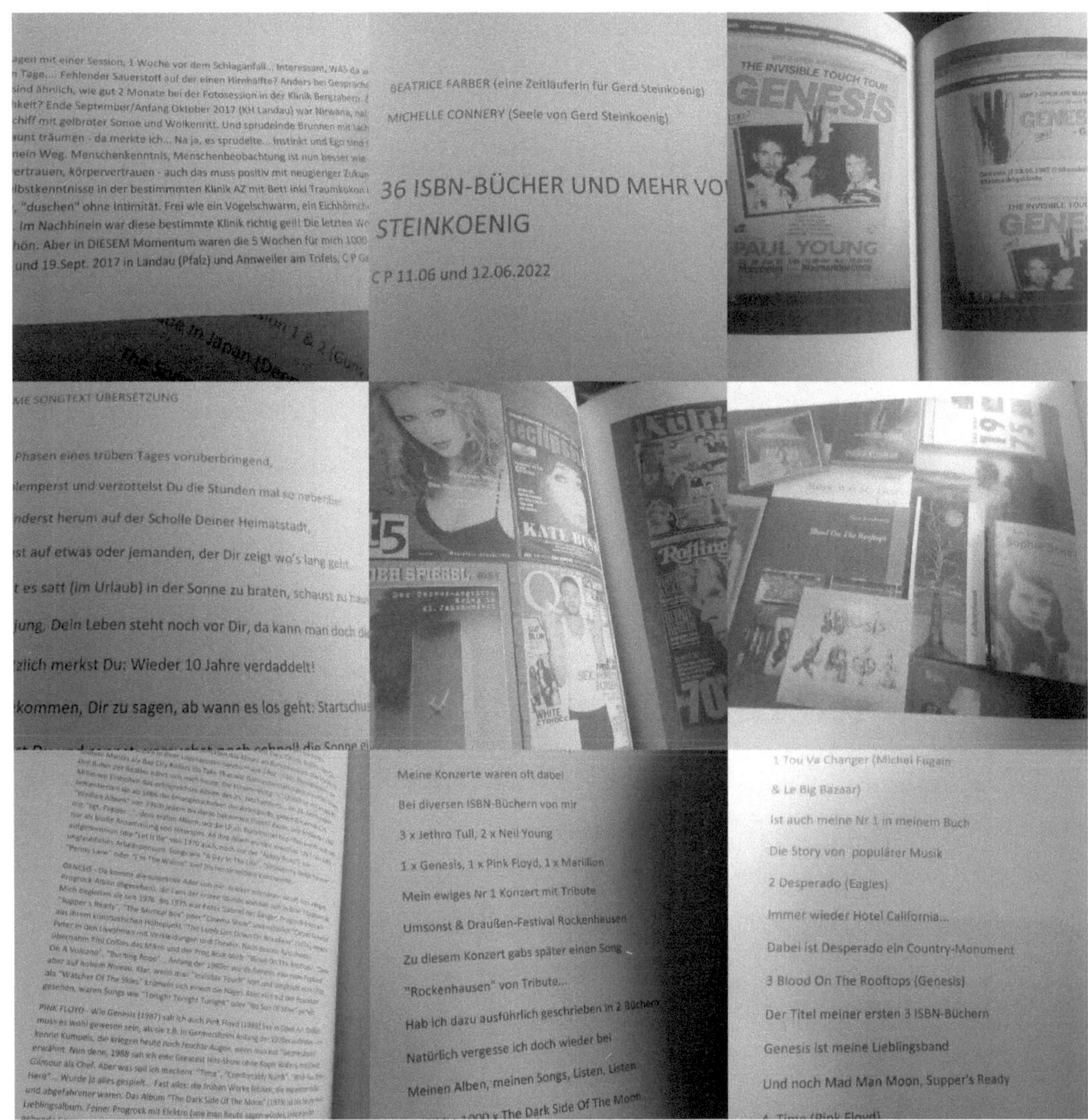

Hatte 52 Fotos aus 17 Büchern! Dann doch soo! Siehe "Lebenszettel" in this book!

Mit dabei: das neue Eclipsend mit der British Invasion 1964, Jon Anderson (Yes), Can etc...

Und wie die 3 Layout App-BooksCollagen aussehen: ALLE Bücher des Autors ist EINS (auch wenn kein Mensch alle Books von mir gesehen hat/hatte... Sehr schön: mein Gesicht in 3 Zeitmöglichkeiten! Und natürlich 2 x moi Katzemäädsche Molly! Meine Heldin Sophie Scholl ist 2 x da in meinen 3 Collagen!

C P 24. Februar 2024 Gerd Steinkoenig

PS: Diese Woche hatten wir es geschafft mit Mutter und ich, das Telefonate nur noch MO und FR sind! Ich hoffe, es wäre weiterhin so! Für meine emotionale Gesundheit!

DRITTER TEIL

Album Mein 60. Buch Gerd's Blood, Gerd's Soul, Gerd's Book (22.02.24)

Gerd Steinkoenig

1 Std. ·

GEDANKEN IM GEHIRN DES AUTORS

Diverse Mantras wie Kampf Mut Wille Disziplin

Reinheit Gelassenheit Gesundheit für immer

Sonniges Gemüt vs Blues

Zu viel gedacht im dunklen Tunnel

Ich hab immer Pläne und Ziele mit Träumen

Und natürlich bin ich oft gegen die Windräder

Ist ja positiv, GEGEN die Windräder

Gegen den Staatsmainstream, für meine Freiheit

Mitten im Leben leben, zu oft außen vor

Das Buch heißt

Gerd's BLOOD, Gerd's SOUL, Gerd's BOOK

Daher meine Privatgedanken

Nicht nur Genesis, Miami Vice, Jodie Foster

Nicht nur Pearl S Buck, Der Spiegel, Eclipsed

Nicht nur Erinnerungen, Erlebnisse, Zeitoasen

Sondern eine Reise aus meinem eigenen Gehirn

Mitten im Leben , zu oft außen vor

Ich hab immer versucht, es in Worten zu fassen

Aus meinen 60 ISBN-Büchern

Mit Lebensphilosophien, Schlaganfall-Trauma

Aber ich dachte/denke es in meinen Synapsen

Aber wie soll ich es schreiben für die Leser:innen

Im "Institut" ist pro und contra

Es sind wirklich gute Leute da, Gespräche, Spiele

Einerseits geh ich nur ins "Institut" für Kurzweil

Andererseits bräuchte ich endlich meine Ziele

Minijob mit "Normalen", Wohnungsrestauration

Zwischendrin aufeinmal: es wird mir zuviel

Früher locker 4 Stunden nonstop gearbeitet

Heute ist es so, das ich nach 20 Minuten schapp bin

Ist ok durch den damaligen Schlaganfall

Ich brauch mehr Power, mehr Motivation

Tag X ist alles super, Tag Y "fall ich gleich um"

Natürlich hab ich weiterhin positive Energien

Positive Fortschritte, positive Entwicklungen

Meine Souveränität, mein Selbstvertrauen

Daher viel weniger: ich "fall gleich um"

Trotzdem zu viel gedacht, dunkler Tunnel

Ich bin allein, bin doch jeden Tag bei meinen Leuten

Mitten im Leben, zu oft außen vor

Ich babbele wie "vor" dem Schlaganfall

Denn ich bin ein Pfälzer Krischer

Aber "danach" ist man geistig behindert

Was natürlich Blödsinn ist (hihi, Wortspiel)

Ich schreibe mein 60. ISBN-Buch (plus no isbn Books)

Ich bin selbständig, flexibel, über den Horizont

Natürlich bin ich gegen den Staatsmainstream

Mit 64 Jahren hab ich neue Erziehung (ok, nur Zynismus)

Und ich hab ja sehr gute Betreuer

Aber der Eine ist bald weg, mal wieder was Neues

Ich brauche Leute mit langer Zeit, am Besten eine Frau

Daran denke ich gar nicht, einfach nur Schicksal

Eine Frau ist tatsächlich noch bei mir - aber wann

Wir haben die gleiche Chemie, aber wann sehen wir uns

Vielleicht im Sommer - da ist ihr Lieblings-Cafe

Jetzt schreib ich mich mal wieder in positive Vibrations

Und dann mach ich und dann wieder wäh

Ich geh im Kreislauf ins Nirgendwo, das will ich nicht

Ich will meine positive Zukunft mit Lebenssonne

Ich hoffe, irgendwer (zB vom "Institut"...) hats gelesen

Kampf Mut Wille Disziplin!!

C P 25. Februar 2024 Gerd Steinkoenig

Gerd's Katze Molly hat ihre eigene Seite

Messenger von Autorin Pa. S.

Pa. S.

Wenn du eine positive Zukunft haben willst, dann kriegst du sie auch, auch mit viel Lebenssonne

Ge.S.

So ist es!! Vielen Dank, liebe Pa.

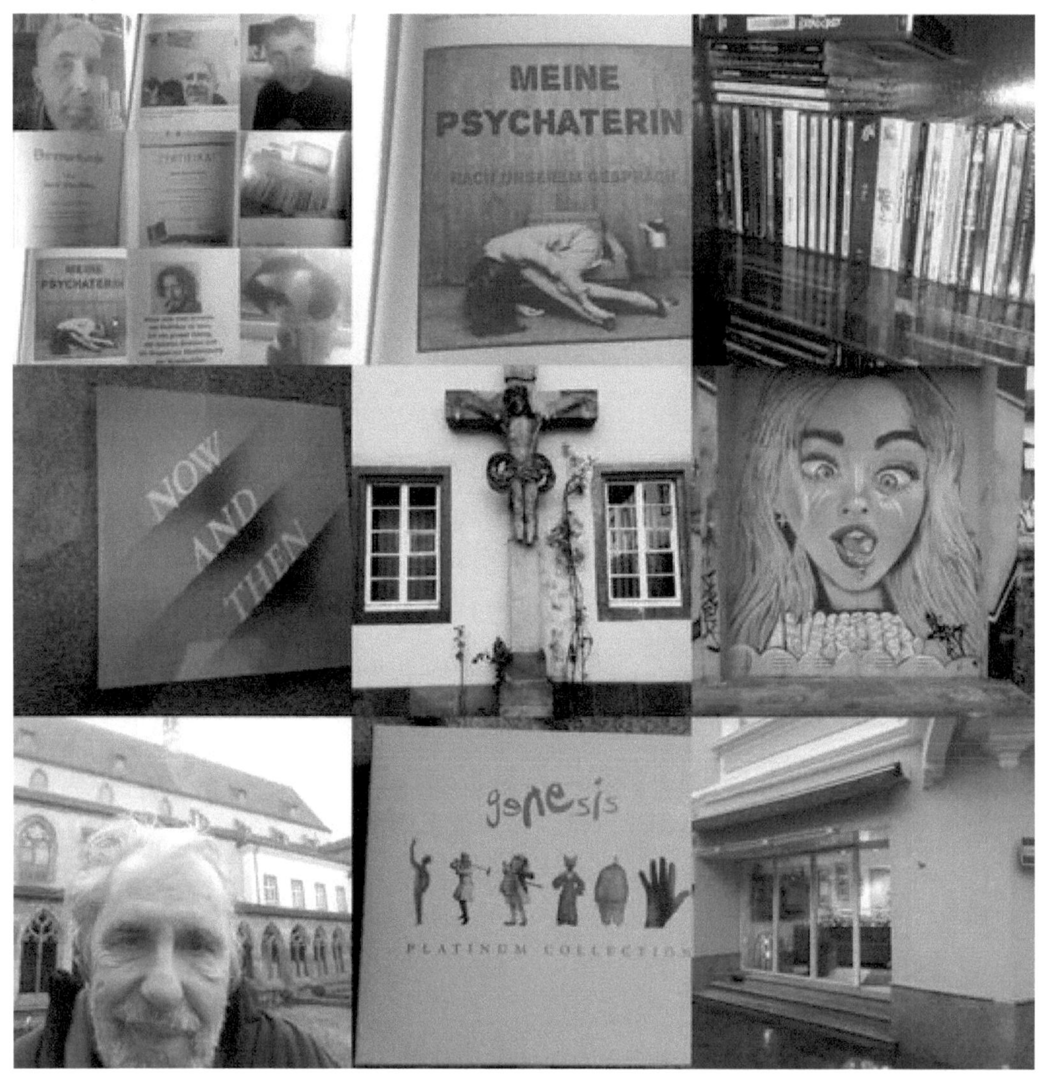

WO FUCHS UND HASE
SICH GUTE NACHT HEUCHELN

4. Shot: Fix & Foxi (offizielle Seite)

3. Shot: Sally & Gizmo

C P 25. Dezember 2024 Gerd Steinkoenig

FSC
www.fsc.org
MIX
Papier aus ver-
antwortungsvollen
Quellen
Paper from
responsible sources
FSC® C105338